KLAUSUR MIT DIR SELBST

Wenn Du immer wieder das tust,
was Du immer schon getan hast,
dann wirst Du immer wieder das bekommen,
was Du immer schon bekommen hast.

Wenn Du etwas Anderes haben willst,
musst Du etwas Anderes tun!
Und wenn das, was Du tust,
Dich nicht weiterbringt,
dann tu etwas völlig Anderes,
statt mehr vom gleichen Falschen!

- Paul Watzlawick -

JÜRGEN WOLF

KLAUSUR MIT DIR SELBST

Ungewöhnliche Fragen und Blickwinkel
auf die momentane Lebenssituation

Ein Praxisbuch

Bibliografische Information der
Deutschen Nationalbibliothek verzeichnet diese
Publikation in der Deutschen Nationalbibliografie;
detaillierte bibliografische Daten sind im Internet
über http://dnb.dnb.de abrufbar.

© 2022 Jürgen Wolf
Herstellung und Verlag: BoD – Books on Demand,
Norderstedt
ISBN   978 -375- 576- 6452

Inhaltsverzeichnis

Das halbvolle Glas Wasser

Während eines Seminars schritt die Referentin durch den Veranstaltungsraum. Als sie ein halb gefülltes Glas mit Wasser hochhielt, erwarteten die Teilnehmer die bekannte Frage: „Ist dieses Glas halb leer oder halb voll?"

Stattdessen fragte sie mit einem Lächeln: „Wie schwer ist dieses Glas?"

Die Antworten schwankten zwischen „200 g" und „500 g".

Die Referentin erläuterte: „Das absolute Gewicht spielt keine Rolle. Es hängt davon ab, wie lange ich es halten muss. Halte ich es für eine Minute, ist es kein Problem. Wenn ich es eine halbe Stunde halten muss, werde ich Schmerzen im Arm verspüren. Muss ich es einen ganzen Tag halten, wird mein Arm taub. Das Gewicht des Glases ändert sich nicht, aber umso länger ich es halte, als desto schwerer werde ich es empfinden."

Sie fuhr fort: „Stress ist wie dieses Glas mit Wasser. Müsst ihr Stress nur über eine kurze Zeit aushalten, wird das bei euch keine sonderlichen Spuren hinterlassen. Aber je länger ihr dem Stress ausgesetzt seid, desto mehr wird dadurch eure psychische und physische Gesundheit leiden, bis ihr schließlich nicht mehr könnt.

Unternehmt ihr selbst nichts gegen den Stress, so wird es euer Körper für euch tun. Und das ist dann meist eine sehr schmerzliche Erfahrung.

Deshalb ist es so wichtig, das Glas regelmäßig abzustellen, um neue Kraft zu tanken."

Verfasser unbekannt

Deshalb solltest Du ein bis zwei Mal im Jahr aussteigen und eine Klausur mit Dir selbst durchführen.

Vorwort

Zeit ist eines der wertvollsten Dinge in Deinem Leben, deshalb denke daran, Zeit für Dich selbst einzuplanen. Es gibt viele gute und wichtige Gründe, um jährlich einige Tage in eine Art Klausur zu gehen. Sei es deine eigene Gesundheit, die Suche nach dir selbst oder dass du einfach mal Abstand vom stressigen Alltag nehmen möchtest.

Sicher kennst Du das Gefühl, ständig nach neuen Zielen und Möglichkeiten für Dein berufliches Weiterkommen zu suchen. Du besuchst Seminare, liest Bücher über Selbstmanagement, wie man seine Ziele durch hilfreiche Strategien erreichen kann. Brainstormings alleine für Dich oder mit Kollegen und Mitarbeitern in der Firma werden auch öfter durchgeführt.

Ich war auch jahrelang auf dieser Schiene unterwegs. Immer wieder spürte ich, dass sich meine Leiter an der falschen Lebensmauer befand. Ich stellte mir laufend die gleichen Fragen und bemerkte, dass keine richtig neuen Impulse aufkamen. Es wurde stressig und gleichzeitig auch langweilig.

Doch der „Zufall" brachte mich auf völlig neue Wege. In den achtziger Jahren kaufte ich einen alten VW-Campingbus. Natürlich ging es mit Familie an die schönsten Orte in Deutschland und wir genossen das Gefühl von Freiheit. Irgendwann kam ich an den Punkt, wo wieder das Nachdenken über die nächsten Jahre und meine Rolle darin aufkamen. Dann las ich von Paul Watzlawick (österr. Philosoph 1921-2007) das Zitat: „Wenn Du immer wieder das tust, was Du immer schon getan hast, dann wirst Du immer wieder das bekommen, was Du immer schon bekommen hast. Wenn Du etwas Anderes haben willst, musst Du etwas Anderes tun! Und wenn das, was Du tust, Dich nicht weiterbringt, dann tu etwas völlig Anderes, statt mehr vom gleichen Falschen!"

Da machte es PENG! Was konnte ich also auf der Suche nach mir und neuen Ideen für meinen beruflichen und privaten Weg anders machen? Jetzt kam der VW-Camper ins Spiel. Ich packte mir ein paar Bücher ein und fuhr an den Neckar bei Heidelberg und zwar alleine. Drei Tage wollte ich dort ganz für mich sein und nach neuen Blickwinkeln suchen und sie natürlich auch finden. Das klappte schon ganz gut, denn ich kam auf völlig neue Ideen, wie ich das nächste Jahr einrichten wollte. Doch so ganz glücklich war ich noch nicht. Ich schaute in den Büchern nach Möglichkeiten, welche Fragen jetzt für mich wichtig sein könnten. Das kostete Nerven und Zeit. Ich wünschte mir ein zusätzliches Buch, wo einfach nur ungewöhnliche Fragen (denk an Watzlawick: „Wenn du etwas Anders haben willst....") und Methoden leicht zu finden sind. Das hat mir die Jahre immer wieder gefehlt.

Ich bin seit ca. fünfundzwanzig Jahren im Seminar- und Coachingbereich für Persönlichkeitsentwicklung tätig. Natürlich habe auch ich viele Seminare besucht und Coachings in Anspruch genommen. Ich wurde mit neuen Herausforderungen konfrontiert und war oft auf der Suche nach dem eigenen Ich. In meinen jährlichen Klausuren (leider nicht mehr in meinem geliebten Campingbus), fand ich oft ungewöhnliche und wirkungsvolle Fragen, die mir weitergeholfen haben.

Von Zeit zu Zeit entwickelst und veränderst Du Dich. Das kann zum Beispiel besonders deutlich nach Trennungen, Umzügen oder einem neuen Job sein. Es ist wichtig, dass Du Dich immer wieder neu entdeckst und Dir neu begegnest. Dafür kann eine kleine Auszeit mit Klausur für Deine Selbstbesinnung sehr hilfreich sein. Manche Menschen nehmen sich die Zeit für Urlaub und Reisen, um neues Seiten zu entdecken. Das ist auch gut so, denn man kann mal abschalten und Kraft tanken.

Diese Klausur mit Dir selbst geht allerdings in eine andere Richtung. Ruhe, Besinnung, innere Einkehr, Ausgeglichenheit, die eigene Mitte finden und leben, einen Blick auf Dein wahres Ich werfen, Reflexionen, Dich finden oder Dich neu erfinden, das ist der Sinn dieser Tage.

Auf diese Weise kannst Du den Stress und die immer gleichen Gedanken hinter Dir lassen und Dich gelassener neuen Perspektiven für Dein Leben widmen. Du musst nicht in Touristengebiete reisen. Ganz im Gegenteil. Wir haben hier in Deutschland und Europa so wunderschöne kleinere Gebiete, die schon fast Kraftorte sind. Ich fing damals in der Nähe von Heidelberg am schönen Neckar an. Dort fand meine erste Klausur statt. Suche Dir einen Ort,an dem Du das Gefühl hast, Ruhe und Kraft zu finden. Begib Dich auf Deine Klausur allein.

Warum allein? Kennst du den Sägezahn-Effekt?.

Der kommt aus dem Zeitmanagement und bedeutet, dass immer wenn Du im Gedankenprozess bist und sich Gedanken aufeinander aufbauen, alles zusammenbricht, wenn jemand ins Zimmer kommt. Es reicht schon, wenn das Telefon klingelt oder jemand an die Tür klopft. Du bist völlig raus aus dem Prozess der Lösungsfindungen und musst wieder ganz vorne anfangen. Das geht auf Kosten der Kreativität, Energie und natürlich Zeit. Ganz zu Schweigen von den Möglichkeiten, welche Du sicher gefunden hättest.

Deshalb fahre ein paar Tage allein weg.

Nimm Dir mit, was Du dafür brauchst. Vielleicht auch dieses Buch. Durch ungewöhnliche Fragen und Methoden bekommst Du neue Blickwinkel, die auch wieder neue Perspektiven für Dich eröffnen.

Wie solltest Du das Buch nutzen?

Auf der Titelseite steht unten, dass es sich um ein Praxisbuch handelt. Du kannst Dich darin in allen Bereichen (neu) ent-decken. Es hätte wenig Sinn, das ganze Buch auf einmal durchzuarbeiten. Da würdest Du sicherlich Ärger mit Deinem Verstand und Deiner Energie bekommen. Blättere es durch, oder schau Dir einfach mal verschiedene Bereiche an. Es gibt ja keinen Zufall. Dein Innerstes findet genau die Fragen oder Methoden, welche JETZT für Dich bedeutsam sein werden. Bitte schreibe Deine Antworten auf die Fragen hier in das Buch. Dann kannst Du immer wieder nachsehen, welche Lösungen und Möglichkeiten Du gefunden hast. Aus eigener Erfahrung habe ich festgestellt, dass Notizen auf Zetteln sich irgendwann verlieren. Behalte das Buch immer in Deiner Nähe, ob im beruflichen oder privaten Bereich. Genau wie ein Tagebuch oder Timer

Früher hatte man Poesiealben, jetzt hast Du Deine eigene Klausur immer bei Dir.

Was ist eigentlich eine Klausur?

Im 15. Jh. gelangte das vom spätlat. clausura „Verschluss" stammende Wort Klausur als „Leben in Abgeschiedenheit", bzw. „abgeschlossener Teil eines Klosters" ins Deutsche. Auch das Wort Kloster, die „Gesamtheit der Gebäude in einer geschlossenen Gemeinschaft von Mönchen oder Nonnen" ist über lat. Claustrum „Schloss, Bollwerk" von claudere abgeleitet. Später entstanden zu Klausur die Begriffe „nichtöffentliche (politische) Sitzung" und Klausurarbeit „beaufsichtigte Prüfung in einem abgeschlossenen Raum".

Der Islam, als auch das Christentum bezeichnet eine Klausur als eine innere Haltung, der spirituellen Zurückgezogenheit und die Loslösung von äußeren Einflüssen mit der Konzentration auf Gott.

Der Nutzen einer Klausur, gerade in der heutigen schnelllebigen Zeit, besteht auch aus der Zurückgezogenheit vom Alltagsleben. Sie dient der inneren Einkehr und Streben nach Erkenntnissen durch bewusste Loslösung vom Alltag.

Nimm Dir Zeit für Deine Klausur und Selbstbesinnung. Trage Deine Notizen in das Buch ein.

Mache eine Vereinbarung mit Deinem Buch

Vereinbarung mit Dir selbst

Übernimm die Verantwortung dafür,

dass du da bist, wo du jetzt bist.

Schreibe nieder, was du denkst.

Bringe Deine Gedanken in Übereinstimmung

mit Deinen Zielen und Wünschen.

Nimm Dir Zeit für Dich selbst.

Lass Dir Zeit für Deine Gedanken

Bereinige und kläre diejenigen Erinnerungen

Deiner Vergangenheit, die nicht mit dem

übereinstimmen was du willst

Mache alles, was Du hier tust hundertprozentig

Bringe 100 %

So könntest Du Deine Klausur gestalten

Es geht nicht darum, sich möglichst viel Zeit nur mit dem Beantworten von Fragen zu nehmen. Ganz im Gegenteil. Hier lautet das Motto: „Wenn Du es eilig hast, mache langsam"

Dich pausenlos mit der Hoffnung auf gute Ergebnisse mit den Themen zu beschäftigen bringt Dir wenig. Da kannst Du auch zu Hause bleiben und es so machen wie die meisten es immer tun. Dass Du alleine wegfahren solltest hat schon seinen Sinn. Deine Blickwinkel werden sich komplett verändern. Deshalb brauchst Du Möglichkeiten, zwischen Deiner Arbeit in der Klausur gute Energie aufzunehmen. Nur wer sich bewegt, bewegt auch was. Ich genieße meine Klausur, im wahrsten Sinne des Wortes. Empfehlen kann ich Dir einen Zeitablauf wie diesen:

07:00 Uhr

Aufstehen

Raus in die Natur und angenehme Energie aufnehmen. Danach ein gutes Frühstück.

09:00 – 13:00 Uhr

Klausur durchführen. Ganz wichtig – Handy aus. Es wäre sogar zu empfehlen, diese Tage das Handy nur einmal am Tag für eine Stunde einzuschalten.

13:00 – 16:00 Uhr

Freizeit. Sport, Sehenswürdigkeiten anschauen, Spaziergang am See, im Wald, etc.

18:00 – 21:00 Uhr

Genuss, Essen gehen, einen guten Wein trinken oder ähnliches.

23:00 Uhr

Schlafen gehen. Ja – tatsächlich, schlafen gehen oder sich zur Ruhe begeben. TV aus. Vielleicht mal Radio an.

Dies soll nur eine Möglichkeit sein. Auf alle Fälle ist es wichtig, in Dir selbst zu sein und zu bleiben.

Sieben Fragen an Deine Seele

Atme ein paar Mal tief durch, und löse Deine inneren Anspannungen. Spüre, wie positive Energie Deinen Körper durchströmt. Denke über Dein Leben und die Rolle die Du darin spielst nach. Schaue Dir die nachstehenden Fragen an. Erforsche Deine Seele und lausche auf ihre Antworten. Öffne Dich – sei im Interesse Deiner Seele so ehrgeizig wie möglich. Wenn Du soweit bist, schreibe die Antworten nieder, nur ein oder zwei Stichpunkte pro Frage. Lass Dir Zeit und beantworte die Fragen nicht oberflächlich im vorbeigehen(lesen)

Trete ich für das ein, woran ich glaube?

. . . .

. . . .

Berücksichtige ich meine weibliche und männliche Energie

in gleichem Maße?

. . . .

. . . .

Was könnte ich tun, um meiner Seele mehr Raum zu geben?

. . ..

. . ..

Was würde meine Seele wirklich beflügeln?

. . ..

. . ..

Was noch?

. . ..

. . ..

...und was sonst noch – etwas worüber ich noch nie

mit jemanden gesprochen habe?

. . ..

. . ..

Was könnte ich anders machen, um meine Seele anzusprechen?

. . ..

. . ..

Was werde ich jetzt als Allererstes tun?

. . ..

. . ..

Man sollte nie soviel zu tun haben

dass man zum nachdenken keine Zeit mehr hat

- Georg Christoph Lichtenberg -

Neun Kreise

Bitte verbinde diese neun Kreise mit vier geraden Linien so, dass Du sie ohne den Stift abzusetzen, alle miteinander verbinden kannst.

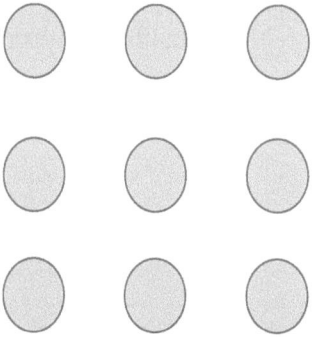

Die Lösung findest Du auf Seite 100

Bitte nicht gleich aufgeben

Nur der Denkende erlebt sein Leben,

am Gedankenlosen zieht es vorbei

- Marie von Ebner-Eschenbach -

Das Ruderboot

Dies ist sicher eine der besten Methoden, um sich selbst kennen zu lernen. Immer wieder bin ich überrascht, wie wirkungsvoll und sicher diese Übung ist. Du kannst Dir jetzt den Spaß machen und gleich weiterlesen und erfahren, warum diese Methode so spannend ist. Oder Du nimmst Dir zuerst ein Blatt Papier und schreibst Dich in einem kleinen Aufsatz mit dem Thema:

„Ich bin ein Ruderboot auf dem See"

Schreibe einfach drauf los, eine oder zwei Seiten, Viel Spaß!

. . . .

. . . .

. . . .

. . . .

. . . .

. . . .

. . . .

. . . .

. . . .

Dieser *Ich-Check* stellt Deine momentane Lebenssituation mit Hilfe eines Ruderbootes dar.

Dieses Ruderboot, dass Du beschreibst…*(weiterlesen, oder doch erst den Test machen? ;-))* … beschreibt natürlich Dich selbst. Würde ich Dir die Aufgabe stellen, Dein Leben zu beschreiben, wie Du darüber denkst, wäre es der Verstand (das Ratio), welcher die Antworten suchen würde.

Du hast Deinen Aufsatz geschrieben?

Wie hast Du Dein Ruderboot beschrieben? Ist es morsch oder fährt es Menschen von einem Ufer zum anderen? Wie viele Paddel hat es? Ist der See ruhig oder unruhig? Rudert es von einem Ufer zum anderen und wieder zurück? Vielleicht rudert es einen Strom entlang? Ist es undicht und hat Angst unterzugehen? Ist es eventuell gar kein Ruderboot, sondern eine Yacht, oder eine Fähre? Fährst Du mit oder gegen den Strom? Fährt Dein Ruderboot auf das offene Meer hinaus? Wie groß ist der See, auf dem das Ruderboot seine Fahrten unternimmt? Sind andere Boote zu sehen?

Falls Du Deinen Aufsatz schon geschrieben hast, ist Dir sicher aufgefallen, dass Du hier Dein momentanes Leben, Deine innersten Gefühle zu Papier gebracht hast. Du wirst den Zugang zu Dir selbst über das Ruderboot erst intensiv verstehen, wenn Du Deinen Aufsatz geschrieben hast.

Einige Zugänge möchte ich Dir hier zu verstehen geben. Wenn Du Dein Ruderboot beschreibst, wird Dir immer mehr *bewusst*, wie Du Deine momentane Lebenssituation siehst.

Ruderboot:

Du selbst

Wie hast Du Dein Ruderboot (selbst) beschrieben?

Morsch, Defekt, Farbe ab, u.a.:

Keine Energie mehr – überfordert.

See:

Dein Leben, Dein Umfeld (wie groß ist der See?)

Kleiner See, fühlst sich eingeengt. Großer See, steht voll im Leben

Angekettet:

In Deiner Freiheit behindert

Alles was in diesem Aufsatz beschrieben wird, hat eine Bedeutung. Da es so viele Möglichkeiten gibt, die vorkommen können, möchte Ich Dir die Ruderboot-Methode mit Aufsätzen von Seminarteilnehmern vorstellen. Hier wirst Du sehr schnell lernen, wie wirksam die Aussagen das Leben widerspiegeln.

Hier einige Beispiele:

Ich bin ein Ruderboot auf dem See und transportiere die Menschen von einem Ufer zum anderen. Die Sonne scheint, und der See ist ruhig. Ich bin ein sehr großes Ruderboot, in dem viele Personen Platz haben. Die Menschen, die ich transportiere, sind neugierig auf das, was sie während der Fahrt sehen werden. Ich bin aus einem festen, guten Holz und sehr robust. Der See mündet in einen Fluss und das Ruderboot hat jederzeit die Möglichkeit, diesen Fluss, der sehr breit ist, stromabwärts zu fahren. Der See, auf dem das Ruderboot beheimatet ist, ist ziemlich klein, aber sehr romantisch und schön. Unterwegs begegnen dem Ruderboot andere Boote und Schiffe. Passagier-, Fracht- und Tankschiffe. Dem Ruderboot tun diese Schiffe leid, weil deren Passagiere nicht so nah am Wasser sind, wie das Ruderboot. Das Ruderboot kann fahren, wohin es möchte und wird von niemanden angekettet oder gehalten.

Am liebsten würde das Ruderboot auf das offene Meer hinausfahren, um zu einer großen Yacht zu werden, die sicher und voller Eleganz durch die Meere fahren kann.

Dieser Mensch ist momentan sehr glücklich (Sonne scheint, See ist ruhig) und selbstbewusst (großes Ruderboot, festes, gutes Holz). Er transportiert die Menschen (gibt ihnen Hilfe, ist für sie da). Dort wo seine Heimat, sein Umfeld ist, Wohnort oder Partner – fühlt er sich sehr wohl (romantischer See). Er fühlt sich jedoch eingeengt (kleiner See). Dennoch sieht er auch die Möglichkeit, jederzeit seinen Weg zu gehen (stromabwärts). Er sieht viele andere Boote und Schiffe (andere Menschen), wie Tanker (Menschen, die auftanken wollen), Passagierschiffe (Menschen die Freude, Spaß haben und etwas erleben wollen) und Frachter (Menschen mit Problemen – Fracht - Last tragen).

Ihm tun diese Menschen leid, er will ihnen helfen (sein Ruderboot transportiert gerne Menschen zu schönen Orten). Sein Boot ist nicht angekettet (er ist frei) und will auf das offene Meer hinaus (über alle Grenzen hinweg), um eine Yacht zu werden (Veränderung der Persönlichkeit)

Weitere Geschichten mit dem Ruderboot:

Ich bin ein sehr schnelles Ruderboot, das alle anderen hinter sich lässt. Der See ist sehr groß, die Wellen sind ziemlich hoch. Mein Ruderer hat viel Kraft und sieht sehr gut aus. Ich lasse mich gerne von ihm rudern, denn er weiß, wohin er rudern will. Manchmal habe ich aber Angst, dass die hohen Wellen mich zum Kippen bringen und ich untergehen werde.

- - - -

Ich bin ein Ruderboot auf dem See, das sehr klein und aus morschem Holz ist. Ich liege so herum und jeder kann mich benutzen, wenn er will. Der See ist ziemlich trübe und die Ufer felsig. Es fahren andere, schönere Ruderboote herum mit fröhlichen Menschen darin. Sie winken mir zu und ich winke zurück. Es macht mir immer wieder Spaß, wenn diese Boote an mir vorbeifahren. Wenn mich keiner mehr braucht, liege ich wieder angekettet am Ufer und warte, bis wieder welche kommen, um mit mir zu fahren.

- - - -

Ich bin ein neu angestrichenes Ruderboot. Es ist schon Herbst. Den ganzen Sommer wartete ich trostlos liegend auf dem See, ob jemand auf das Boot aufmerksam würde. Jetzt hat ein Mann das Ruderboot schöner gemacht. Es fühlt sich auf einmal sehr wohl. Es lässt auch nur Leute damit fahren, die es selber mag. Das Boot hat sich vorgenommen, einmal mit bestimmten, lustigen und vertrauenswürdigen Menschen hinaus zu anderen Seen zu fahren, um zu sehen, was es noch alles für Boote und Seen gibt. Vielleicht fährt es eines Tages sogar auf das Meer hinaus. Jetzt wo das Ruderboot überholt worden ist, ist es sicher, dass kein Wasser mehr hineinlaufen kann.

- - - -

Mein Ruderboot ist eine Fähre. Sie fährt den ganzen Tag von einem Ufer zum anderen. Damit die Fähre nicht die Ufer verfehlt, wo die Leute zu- und aussteigen, hängt es an einem Seil, um es abzusichern. Auf dieser Fähre haben die Leute die Möglichkeit, Nahrung und Trinken zu bekommen. Morgens fahren sehr viele Leute damit zur Arbeit, und am Abend benutzen sie wieder die gleiche Fähre, um nach Hause zu kommen. Sie haben sich immer viel zu erzählen, was sie so alles erlebt haben. Ich höre gerne zu, weil es so tolle Geschichten sind. Ich freue mich, dass die Menschen mit mir fahren, weil mir das richtig Spaß macht. Nur ab und zu würde ich gern einmal zu einem anderen Landungssteg fahren, um auch einmal neue Ufer zu sehen. Wenn ich nachts an meinem Ufer liege, fühle ich mich sehr wohl, denn hier kann ich das Plätschern des Flusses und die Ruhe genießen.

- - - -

Ein unsichtbares Seil lässt mein Ruderboot nur bis zur Mitte des Sees fahren. Ich kann von dort aus so viele schöne Dinge sehen, allerdings nicht dorthin fahren. Immer wieder zieht mich das Seil an meinen Anlegeplatz zurück. Ich versuche aber immer wieder herauszufinden, ob ich nicht stärker bin als dieses Seil, um auch andere Ufer zu finden. Ich möchte gerne fahren, wohin ich will.

- - - -

Dies ist eine Auswahl einiger Ruderboot-Geschichten von Seminarteilnehmern. Sehr wirkungsvoll ist es, wenn Du Deine Geschichte, mit einen Partner auswertest und umgekehrt. Du wirst viele Situationen Deines Lebens jetzt noch klarer sehen. Lasse den Stift beim schreiben Deiner Ruderboot-Geschichte einfach nur auf dem Papier gleiten. Denke jetzt nicht nach – schreibe einfach drauf los. Auch wenn Du jetzt die Hintergründe des Ruderbootes schon etwas erkennen kannst und vielleicht denkst, dass Du doch wieder mehr aus dem Verstand, dem Ratio schreibst. Probiere es aus, Du wirst überrascht sein, wenn Du Deine Geschichten wieder lesen wirst. Denke immer beim Ansehen Deines Bootes daran, welche Bedeutung es für DICH hat!

Wie – das soll alles sein?

.

Vielleicht kennst Du den Film: *Das Schweigen der Lämmer?*

Ein knallharter Thriller und wahrscheinlich nicht jedermanns Geschmack. Dieser Film ist für viele Menschen, die sich mit Psychologie beschäftigen ein absoluter Kultfilm geworden. Die wichtigste Botschaft dieses Filmes war für mich ein einziger Satz, der mein Leben völlig veränderte. Seit dem verstehe ich die Dinge um uns herum genauer und kann sie besser einordnen. In der betreffenden Szene besucht eine FBI-Agentin im Gefängnis einen Mörder. Dieser hat die Morde mit den gleichen Ritualen verübt, wie der gesuchte Mörder. Die Agentin besucht den Gefängnisinsassen (unglaublich gut gespielt von Anthony Hopkins) immer wieder, in der Hoffnung, dass er Ihr Zugänge zu den Verhaltensweisen des anderen, gesuchten Mörders gibt. Der Gefängnisinsasse ist Psychologe. Erst nach dem dritten oder vierten Besuch gibt dieser Mann den entsprechenden Hinweis. Er kennt den Täter ebenso wenig wie die Agentin. Diese sucht nach einem Motiv der bestialischen Morde. Nach langen und sehr interessanten Dialogen kommt der entscheidende Hinweis. Der Insasse gibt der Agentin folgenden Satz mit:

„Was ist das Ding an sich, was ist seine Natur?"

Ich habe diesen Satz leicht verändert:

„Was ist das Ding an sich, was ist seine Funktion?"

Was sagt es aus, wenn ein Ruderboot morsch ist? Was bedeutet es, wenn es aus festem Holz ist? Was ist das Ding an sich, wenn der See für den Teilnehmer sehr klein ist? Was, wenn der Wunsch da ist, diesen See verlassen zu wollen? Wie ist es zu deuten, wenn das Ruderboot benutzt wird, oder angekettet ist?

Bei allem was Du in Deiner Geschichte entdecken wirst, stelle Dir immer die Frage, was die Funktion von...... ist!

Deine Ruderboot-Geschichte zeigt Dir sehr deutlich, wer Du momentan bist. Gefällt Dir Dein Ruderboot, der See, das Ufer, die Situation?

Prima wenn es so ist – oder?

Gefällt Dir die Geschichte nicht, dann schreibe sie einfach neu, und zwar so, wie Du sie haben möchtest. Klingt ja sehr einfach – stimmt´s?

Ich kann mich noch sehr gut an eine Teilnehmerin erinnern, die ihre Geschichte veränderte. Sie sagte mir, sie hätte die größten Blockaden gehabt, als sie ihr Ruderboot von der Kette gelöst hat. Als sie am schreiben war und ihr Boot sich vom Ufer endlich lösen konnte, passierten unglaubliche Dinge für sie. Sie beschrieb eine völlig neue *Ruderboot-Welt* und sie schwor sich, diese Welt unbedingt erleben zu wollen. Sie hat es wahrgemacht.

Dies war Ihre neue Ruderboot-Geschichte:

Ich bin nicht mehr das angekettete Ruderboot. Ich löse mich von meiner Halterung. Etwas unsicher und orientierungslos treibe ich in Richtung Mitte des Sees, damit mich niemand zurückholen kann. Menschen, die ich sehr schätze haben sich erzählt, dass diese See in

einen Fluss mündet und der Fluss wiederum in ein Meer. Und dass es Strömungen gibt, die den Weg dorthin zeigen.

Erfüllt von der Sehnsucht nach dem hellblauen Meer finde ich direkt den Weg zum Fluss. Wind, Wetter und sonstige Ereignisse haben mich zwar etwas abgestoßen und äußerlich mitgenommen, doch treibt mich eine starke Strömung direkt ins Meer. Überwältigt von der Schönheit und der unendlichen Weite oberhalb und unterhalb des Meeres, lerne ich die Unendlichkeit des Seins zu begreifen. Ich fühle mich nicht mehr als Ruderboot, sondern als Teil dieses Ganzen.

Ich bin still geworden – es ist in mir. Die Gefühle und Bilder von diesem sichtbaren Wunder nehme ich auf und beschließe, von nun an meine Ruder selbst in die Hände zu nehmen. So kann ich überall dorthin, wo es für mich schön ist und ich glücklich bin. Und wo ich wichtige und sinnerfüllte Dinge tue. Manchmal treibe ich still, ein anderes Mal tanze ich übermütig auf den Spitzen der Wellen. Ich freue mich, dass ich lebe!

Hat das einen Wert für mich ?

Unsere Werte sind ausschlaggebend, wie gern oder ungern wir etwas erledigen. Jeder Mensch hat Werte. Wir nehmen sie allerdings meistens nicht wahr. Wenn wir Entscheidungen treffen und dabei ein unangenehmes Bauchgefühl haben, ist es möglich, dass es zu einer *Wertekollision* gekommen ist. Werte üben auf unsere Einstellungen, unsere Handlungen, unsere Gedanken mehr Einfluss aus, als alle anderen Funktionen in unserem Leben. Die Wahl des Lebenspartners, der Freunde, berufliche Entscheidungen, sogar die Auswahl Deines Autos, sowie der momentane Wohnort – Deine Werte haben diese Entscheidungen massiv beeinflusst. Es ist gut, Aufgaben und Entscheidungen an Werten auszurichten, die uns wichtig sind. Ist dies nicht der Fall, sind wir ständig mit Wertekollisionen beschäftigt. Diese rauben uns Energien und machen uns das Leben nicht einfacher. Schauen wir mal einen Menschen an, nennen wir ihn einfach mal Stefan. Seine obersten Werte heißen Kreativität und Lebensfreude. Stefan arbeitet in einer Firma, in der noch die Regel gilt; oben der Häuptling, unten die Indianer. Das Motto der Firmenleitung: „Verrichten sie ihre Arbeit, dafür bekommen sie ihr Geld". Stefan macht seine Arbeit gut, hat jedoch auch hin und wieder sehr kreative Einfälle, um neuen Schwung in die Firma zu bringen. Ab und an hört sich der Vorgesetzte diese Ideen auch an. Jedoch wird keine davon umgesetzt. Es wird nur geredet – oder auch zerredet.

Die Motivation von Stefan wird nicht die Allerbeste sein. Vielleicht arbeitet er sein ganzes Leben in dieser Firma. Was fängt er mit seinen Werten *Kreativität* und *Lebensfreude* an? Wahrscheinlich wird er sie nur in seiner Freizeit, in seinem Hobby ausleben.

Warum sind so viele Menschen unglücklich in ihrem Beruf? Warum leben wir unsere Werte, meist in der Freizeit aus, in den Hobbys?

Hobbys sind verneinte Berufungen.

Es ist überaus wichtig, die eigenen Werte zu kennen. In vielen Fällen werden sie von anderen Personen vorgegeben. In unserer Kindheit haben wir oft die Werte unserer Eltern mit-gelebt. In der Schule ging es genauso weiter. Heute werden unsere Werte oft durch Werbebotschaften vorgegeben und beeinflusst. "Wenn du Produkt X benutzt, gehörst du zu einer besonderen Gruppe von Menschen". Konzentriert man sich etwa nur auf´s Geld verdienen, bekommt man auch nur das Geld. Doch was nutzt der Reichtum alleine, wenn man sich einsam fühlt? Ist einer Deiner obersten Werte *Natürlichkeit*, hast Du mit allen künstlich herbeigeführten Themen nichts zu tun. Ist Dein oberster Wert *Glaubwürdigkeit*, sind Dir die gesprochenen Worte der Menschen sicher wichtig, doch entscheidend ist für Dich, ob die Inhalte dieser Worte auch umgesetzt werden. Ich will jetzt keine weiteren Werte hier als Beispiel nennen, Du wirst Deine eigenen finden. Richte Dein Leben möglichst nach Deinen Werten aus.

Lebe und handle nach Deinen inneren Werten

Lebe diese und handle danach! Wenn Du Deine Werte-Hierarchie kennst, kannst Du kongruent mit Dir selbst sein. Das hat einen Wert für Dich

Werte sollten für alle Bereiche Deines Lebens definiert werden. Wir sind ja nicht ständig mit Arbeit oder mit unseren Hobbys beschäftigt. Definiere Deine Werte in den Bereichen:

Karriere / Beruf

Beziehung/Partnerschaft

Gesundheit/Fitness

Persönliches Wachstum

Spiritualität

Persönliches Wachstum bedeutet Weiterbildung und Weiterentwicklung. Um ganzheitlich zu denken, solltest Du Deine Werte aus allen Bereichen kennen und leben. Es wird sehr schwierig für eine Hausfrau mit Kleinkindern sein, wenn Sie wenig Zeit zur Verfügung hat, durch Weiterbildung ihr persönliches Wachstum zu fördern. Wertekollisionen können in den kleinsten Bereichen vorkommen. Sie rauben Energien und nehmen uns den Spaß.

Du kennst bestimmt Menschen, mit einer besonderen Ausstrahlung. Diese Leute, mögen es Persönlichkeiten aus der Politik, dem Showbusiness, der Kultur oder Deinem Umfeld sein, leben Ihre Werte intensiv aus. Sie sind charismatisch und haben das gewisse Etwas. Sie lassen sich nicht beeinflussen, sondern richten ihr Leben und ihren Lebensinhalt nach ihren Werten aus. Werte können sich im Laufe der aber auch Zeit verändern.

Richte Dein Leben

möglichst nach Deinen Werten aus

Auch Du wirst Dich immer wieder verändern. Veränderungen sind wichtig. Stell Dir einmal vor, ein Bekannter, den Du lange nicht gesehen hast, sagt zu Dir:

„Du hast dich ja gar nicht verändert!"

Nicht immer ein Kompliment!

Wenn Du die Ermittlung Deiner Werte einmal im Jahr neu durchführst, wirst Du manchmal starke Veränderungen feststellen können, denn Du entwickelst Dich ja weiter.

Übrigens: Bei einigen unsere Zeitgenossen hört man immer wieder mal die Aussage:

„Das hat doch keinen Wert"

Sicher kannst Du das jetzt neu einordnen. Diese Menschen kennen oder leben ihre Werte oft nicht.

Viel Spaß beim finden Deiner Werte und beim herausfinden, der Wichtigsten für Dich.

Werteermittlung

Was sind eigentlich Werte?

Einige stelle ich Dir hier vor. Es soll nur ein Leitfaden sein. Sicherlich findest Du noch andere Werte, die hier nicht aufgeführt sind.

Werteliste

Liebe   Freude   Klarheit   Kreativität   Lebensfreude

Geborgenheit   Vertrauen   Neugierde   Aufrichtigkeit

Achtung   Erfüllung   Ehrfurcht   Einheit

Freiheit   Humor   Begeisterung   Zartheit

Zielstrebigkeit   Gerechtigkeit   Schönheit

Optimismus   Anmut   Offenheit   Wachheit

Achtsamkeit   Natürlichkeit   Geborgenheit

Intuition   Weisheit   Zuverlässigkeit   Ehrlichkeit

Wertschätzung   Väterlichkeit   Mütterlichkeit

Kindlichkeit   Dankbarkeit   Toleranz   Neugierde

Verständnis   Glaubwürdigkeit   -   Sparsamkeit

Zärtlichkeit   Kontaktfreudigkeit   Vergebung

Aufrichtigkeit   Erotik   Ekstase   Disziplin

Harmonie   Frohsinn   Toleranz   Klugheit

Gelassenheit   Innovation   Leistung   Tradition

Sportlichkeit   Leidenschaft   Macht   Behutsamkeit

Verantwortung   Phantasie   Veränderung   Charisma

Würde   Glück   Kompetenz   Häuslichkeit

Behutsamkeit   Effektivität   Lust   Genuss   Wissen

Treue Hingabe Herzlichkeit Kommunikation

Einsicht Bewusstheit Integrität Achtsamkeit

Engagement Verbindlichkeit Hoffnung Lachen

Menschlichkeit Mitgefühl Sinn Ordnung

Besonnenheit Güte Leichtigkeit Schönheit

Vitalität Lust Frieden Geduld Wandel

Perfektion Träumen Klarheit Offenheit Ruhe

Loyalität Akzeptanz Spiritualität Kraft

Tradition Heimat Großzügigkeit Vielfalt

Erfolg Natur Ästhetik Bescheidenheit Sorgfalt

Fairness Ernsthaftigkeit Fröhlichkeit

1. Schritt

Finde zu jedem einzelnen Bereich mindestens drei Werte. Frage Dich: Was ist mir wichtig in Bezug auf Karriere/Beruf, Beziehung/Partner...usw.

Was ist mir wichtig in Bezug auf...

Lege keine Reihenfolge fest, sondern finde einfach drei Werte für jeden Bereich, die Du hier oder auf einem Zettel eintragen kannst.

Karriere / Beruf

. . ..

. . ..

. . ..

Beziehung / Partnerschaft

. . ..

. . ..

. . ..

Gesundheit / Fitness

. . ..

. . ..

. . ..

Persönliches Wachstum

. . ..

. . ..

. . ..

Spiritualität

. . ..

. . ..

. . ..

2. Schritt

Nimm Dir jetzt jeden Bereich für sich vor und bringe die Werte in die Reihenfolge Deiner Wichtigkeit. Frage Dich bei allen aufgeschriebenen Werten: Was ist mir wichtiger, dieser oder jener Wert?

Beispiel: Du hast die Werte *Glaubwürdigkeit, Disziplin* und *Geborgenheit.* Mache einen Strich hinter dem Wert, der Dir wichtiger erscheint. Es kann vorkommen, dass Du Dich nicht festlegen kannst, weil Dir beide Werte im Vergleich wichtig sind. Du musst – oder besser – darfst Dich dennoch für einen Wert entscheiden. Wer es noch intensiver herausfinden möchte, sollte sich die Frage dann so stellen:

Was ist mir wichtiger im Leben: *Glaubwürdigkeit* ohne *Disziplin* oder *Disziplin* ohne *Glaubwürdigkeit?* Probiere es einfach mal aus!

Du wirst den Unterschied fühlen. Die Ermittlung Deiner Werte wird sicher einige Zeit in Anspruch nehmen.

Lass Dich auf keinen Fall dabei stören und nimm Dir diese Zeit. Glaube mir, es gibt kaum Dinge, die wichtiger für Dich sind.

Bringe Deine Werte die entsprechenden Reihenfolge und Wichtigkeit zu jedem Bereich.

Karriere / Beruf

1) ……......................................

2) ……......................................

3) ……......................................

Beziehungen / Partnerschaft

1) ……......................................

2) ……......................................

3) ……......................................

Gesundheit / Fitness

1) ……......................................

2) ……......................................

3) ……......................................

Persönliches Wachstum

1) ....

2) ....

3. ....

Spiritualität

1) ....

2) ....

3) ....

3. Schritt

Nimm Dir aus allen fünf Bereichen die Werte, die Du auf Platz Eins stehen hast. Wichtigster Wert im Bereich:

Karriere und Beruf

. . ..

Beziehung/Partnerschaft

. . ..

Gesundheit / Fitness

. . ..

Persönliches Wachstum

. . ..

Spiritualität

. . ..

Jetzt hast Du aus allen Bereichen den wichtigsten Wert für Dich. Bringe diese Werte wieder in die Reihenfolge Deiner Priorität.

Meine fünf wichtigsten Werte

1) [ ]

2) …...

3) …...

4) …...

5) …...

MEIN WICHTIGSTER WERT IM LEBEN IST:

_____

Welche Gefühle löst Dein wichtigster Wert in dir aus?

....

....

....

Wieso ist Dir dieser Wert so wichtig?

....

....

....

Was macht er mit Dir?

....

....

....

Zu welchem Ausmaß ist dieser Wert in Deinem Leben erfüllt?

. . . .

. . . .

. . . .

Welche Konsequenz hat dieser Wert für Dein Leben?

. . . .

. . . .

. . . .

Wieso bist Du auf diesen Wert stolz?

. . . .

. . . .

. . . .

Gefühls-Check

Wenn Du nicht feststellen kannst, wo Du von negativen Mustern begleitet wirst, hilft Dir dieser Check sicher weiter. Auch hier solltest Du Dir wieder Zeit und Ruhe nehmen.

Nimm Dir vier Blätter (A4 oder A5). Auf die Blätter schreibst Du nachfolgende Inhalte. Dann legst Du sie genau vor Dir in dieser Reihenfolge aus. Jetzt stelle Dich auf das erste Blatt, schau Dir die Frage an und lasse dazu ein Gefühl hochkommen. Gib Dir Zeit dafür. Fange mit dem Zettel *Umwelt* an

Nimm Dir wirklich für jeden Schritt Zeit. Du solltest den Weg nicht einfach nur so durchlaufen, nur um die Übung gemacht zu haben. Sieh Dir Deine Antworten an. Welche Fragen konntest Du leicht und schnell beantworten, welche haben Dich ins Stocken gebracht, wo hast Du keine Antworten gefunden? Gerade diese Fragen sind sehr wichtig, da hier vielleicht ein paar *innere Wächter* von Dir sagen: *"Nein, da lassen wir dich nicht ran. Auf Veränderungen haben wir keine Lust. Es soll alles so bleiben wie es ist, wir fühlen uns doch gut so wie es ist – keine Veränderung bitte!"*

Verinnerliche das Thema und stelle Dich auf das erste Blatt. Dann fragst Du Dich:

ES IST MÖGLICH, dass ich……

(Bsp.: jetzt eine Entscheidung über …. treffen kann).

Wie fühlt es sich an? Kannst Du mit einem guten Gefühl weitergehen oder fühlt es sich noch nicht so richtig stimmig an? Wenn es passt, dann gehe auf die nächste Ebene Deines Weges, usw.

Dort wo es sich nicht gut anfühlt, da taucht wieder so ein *innerer Wächter* von Dir auf. Überzeuge ihn, dass er hier nichts mehr zu suchen hat.

Lege vier große Blätter in der abgebildeten Reihenfolge (siehe nächste Seite) auf den Weg und fange mit dem Blatt ES IST MÖGLICH an, dann zum nächsten, usw.

Am besten, Du legst die Zettel in eine Hülle, so kannst Du sie immer wieder nutzen. Dies Wörter schreibst Du auf Deine Blätter.

Lege Deine Zettel, so wie auf der nächsten Seite aus:

ANDERE STIMMEN DEM ZU ODER

STEHEN DEM NEUTRAL GEGENÜBER

dass ich...

ICH BIN FÄHIG

dass ich...

ICH ERLAUBE MIR

dass ich...

ES IST MÖGLICH

dass ich...

X

Anfang der Strecke

Der Zettel „Es ist möglich" muss direkt vor

Dir liegen. Alle anderen folgen danach

Bei diesen Themen stellte sich ein gutes bis sehr gutes Gefühl ein,
als ich auf dem Zettel stand:

. . . .

. . . .

Bei diesen Themen stellte sich ein weniger gutes Gefühl ein:

. . . .

. . . .

Wo ich kein gutes Gefühl spürte, liegt es daran, dass ich:

. . . .

. . . .

Diese Erkenntnisse ziehe ich daraus:

. . . .

. . . .

Am richtigen Ort löschen

Mit dem Modell der *logischen Ebenen* hast Du eine weitere spannende Möglichkeit, Antworten auf Fragen zu finden, welche Du Dir bisher so noch nicht gestellt hast.

Wo bist Du hier? Mit wem bist Du hier? Was ist Dir wichtig?, Was ist Dein Auftrag, Deine Mission?

Man hat herausgefunden, dass unsere Probleme, unsere Ziele, unsere Werte auf verschiedenen Ebenen in uns *verankert* sind. Vergleichen wir unsere innerlichen Ebenen mal mit einem Haus:

Dieses Haus besteht aus sechs Etagen. Jeder dieser Etage gleicht einer Ebene. Auf der einen Ebene beschäftigen sich die Einwohner mit ihrem Umfeld. Auf der nächst höheren wohnt jemand, dessen Ziel es ist herausfinden, wie sein Verhalten in diesem Leben ist. Eine Etage darüber wohnt die Firma *Fähigkeiten GmbH & Co KG*. Diese hat es sich zur Aufgabe gestellt, alle Ressourcen dieses Hauses zu ergründen. Weitere Etagen sind Glauben / Werte / Identität / Mission und Zugehörigkeit.

Stell Dir vor, dieses Haus hat ein Problem. Jetzt müsste man doch zunächst herausfinden, auf welcher Etage das Thema aufgetreten ist. Verändere ich etwas in Stockwerk drei, das Problem liegt jedoch auf Etage fünf, werde ich wohl wenig verändern können. Das Problem bleibt dort wo es ist, auch wenn woanders repariert wird.

Sehen wir uns das Haus doch mal an.

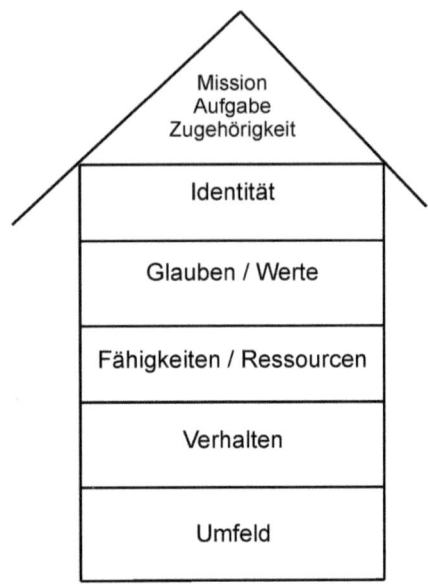

Nehmen wir mal an, in der fünften Etage fängt es an zu brennen (dort ist ein Problem entstanden) Der Hausherr setzt den Feuerwehrmann (Lösung) in der zweiten Etage ein. Was wird sich daraus wohl ergeben? Im Verhalten (Etage zwei) wird sicher einiges verändert. Das Problem auf der Etage Identität bleibt jedoch weiterhin bestehen.

Ob jetzt ein Feuer, ein Feuerchen oder gar nichts in den Etagen aufgetreten ist – es wäre doch gut zu wissen, was sich in den einzelnen Bereichen (Etagen) so alles abspielt. Durch die nachfolgenden Fragen hast Du Die Möglichkeit herausfinden, auf welcher Ebene sich Dein Thema befindet, mit dem Du dich gerade beschäftigst (wenn auch nur unbewusst). Um Dein Haus in

Schuss zu halten, stell Dir bitte die folgenden Fragen zu den einzelnen Ebenen – Etagen:

Lass Dir bitte Zeit die Fragen zu beantworten. Vielleicht nur jeden Tag eine Etage. Schreibe dazu, was Dir alles einfällt. Meist kommen die Antworten, welche weit hinten im Unterbewusstsein verankert sind, erst nach einigen Sätzen zum Vorschein. Beim beantworten der Fragen wirst Du fühlen, wo es nicht passt, oder noch nicht kompatibel mit Deinen Gefühlen und Werten ist.

Du wirst sicher merken, dass ich zum Ausfüllen der einzelnen Fragen mehr Raum gelassen habe. Ich möchte Dich dazu ermutigen, mehr als einen Satz zu schreiben. Die besten und richtigen Antworte kommen meist nicht sofort.

Etage 1
Umfeld

Wo bist Du hier?

....

....

....

....

Mit wem bist Du hier?

. . . .

. . . .

. . . .

Etage 2
Verhalten

Was tust Du hier?

. . . .

. . . .

. . . .

. . . .

Wie verhältst Du Dich?

. . ..

. . ..

. . ..

. . ..

Etage 3
Fähigkeiten / Ressourcen

Wie tust Du, was Du tust?

. . ..

. . ..

. . ..

. . ..

Welche Fähigkeiten hast Du?

. . ..

. . ..

. . ..

. . ..

Welche Eigenschaften hast Du?

. . ..

. . ..

. . ..

. . ..

Etage 4
Glauben / Werte

Was ist Dir wichtig?

. . ..

. . ..

. . ..

. . ..

Was motiviert Dich?

. . ..

. . ..

. . ..

. . ..

Was glaubst Du über Dich und andere?

. . ..

. . ..

. . ..

. . ..

Etage 5
Identität

Wer bist Du?

. . ..

. . ..

. . ..

. . ..

Was für ein Selbstverständnis hast Du?

. . ..

. . ..

. . ..

. . ..

Etage 6
Mission / Aufgabe / Zugehörigkeit

Was ist hier Deine Aufgabe?

. . ..

. . ..

. . ..

. . ..

Was ist Deine Mission?

....

....

....

....

Zu wem oder was fühlst Du Dich zugehörig?

....

....

....

....

Was ist für Dich der Sinn an sich?

. . ..

. . ..

. . ..

. . ..

Möchtest Du das Haus, Dein Haus noch tiefer kennenlernen? Dann gehe die gleichen Etagen nochmals durch. Diesmal geht es um Dein Ziel. Nimm Dir wieder Zeit und Ruhe. Das Modell ist sehr gut geeignet für Zielplanungen – ob für Dich persönlich oder falls Du ein Unternehmer bist, für Deine Firma.

Etage 1

Welches Umfeld brauchst Du

um an Dein Ziel zu gelangen?

. . ..

. . ..

. . ..

Etage 2

Welches Verhalten brauchst Du,

um Dein Ziel zu erreichen?

. . ..

. . ..

. . ..

Etage 3

Welche Fähigkeiten brauchst Du,

um Dein Ziel zu erreichen?

. . ..

. . ..

. . ..

Etage 4

Welchen Glauben, welche Werte brauchst Du,

um Dein Ziel zu erreichen?

. . . .

. . . .

. . ..

Etage 5

Wer oder was bist du,

wenn Du Dein Ziel erreicht hast?

. . . .

. . . .

. . . .

Gehe nicht, wohin der Weg führen mag,

sondern dorthin, wo kein Weg ist,

und hinterlasse eine Spur.

- Jean Paul -

Ergänze, weil...

...nur Du die Antwort kennst.

Auch diese Übung ist eine Möglichkeit, auf Umwegen an Deine verborgenen Fähigkeiten zu gelangen.

Jetzt wirst Du gefordert, Dich Deiner Realität zu stellen. Beantworte folgende Fragen, indem Du diese einfach ergänzt. Oft suchen Menschen Antworten auf ihre Probleme und Herausforderungen. Sie suchen in alle Richtungen um herauszufinden, womit sie nicht zurecht kommen und was denn die eigentlichen Gründe ihrer Themen sind.

Doch es gibt nur einen Experten, der die Antworten für Dich finden kann – und der bist Du selbst. Wie aber könntest Du Antworten finden, welche Dir weiterhelfen können. Dazu eignet sich diese Übung sehr gut. Diese Methode bedarf keiner weiteren Einführung oder Beschreibung. Ergänze die Fragen und Du kannst schon schnell Hinweise zu Deinem momentanen Thema finden. Allerdings reicht es nicht, diese nur zu erkennen. Du bist auch die einzige Person, die etwas ändern kann.

Versuche mehr als nur einen Satz zu schreiben. Evtl. kannst Du gleich eine Notiz mit beifügen

Viel Spaß auf Deiner Entdeckungsreise

Wenn ich an meine Eltern denke, freue ich mich, weil...

…...

…...

…...

Ich bin gerne in Gesellschaft anderer Menschen, weil...

…...

…...

…...

Ich bin froh, dass ich mich für diesen Beruf entschieden habe,
weil..

…...

…...

…...

Mir fehlt leider oft die Kraft, um...

. . ..

. . ..

. . ..

Nichts belastet mich so sehr, wie...

. . ..

. . ..

. . ..

Ich brauche die Anerkennung anderer Menschen, weil...

. . ..

. . ..

. . ..

Manchmal kann ich mich nicht durchsetzten, weil...

. . ..

. . ..

. . ..

Ich möchte öfter NEIN sagen, dennoch sage ich JA, weil...

. . ..

. . ..

. . ..

Mir ist völlig gleich, wie andere über mich denken, weil...

. . ..

. . ..

. . ..

Oft bräuchte ich mehr Zeit für mich, weil...

. . ..

. . ..

. . ..

Ich habe nur wenige Freunde, weil...

. . ..

. . ..

. . ..

Ich setze mir keine Ziele im Leben, weil...

. . ..

. . ..

. . ..

Es ist schwer, den Mut nicht zu verlieren, weil...

. . ..

. . ..

. . ..

Fehler machen mir nichts aus, weil...

. . ..

. . ..

. . ..

Wenn alles, was ich anpacke, gut gehen würde,

dann würde ich...

. . ..

. . ..

. . ..

Oft denke ich zu sehr in Grenzen, weil...

. . ..

. . ..

. . ..

Wenn ich nochmals auf die Welt käme, würde ich einige Dinge
anders machen, weil...

. . ..

. . ..

. . ..

Wenn ich eine Millionen Euro im Lotto gewinnen würde, dann....

. . ..

. . ..

. . ..

Ich lebe meine Berufung nicht, weil...

. . ..

. . ..

. . ..

Der Besuch

Suche Dir wieder einen ruhigen Ort und sorge dafür, dass Du ungestört sein kannst. Diese Reise soll nur ein kleiner Tagtraum sein, keine Meditation oder Tiefenentspannung. Die kleine Übung ist am wirkungsvollsten, wenn Dir jemand die Anleitung vorlesen kann und Du Dir in Gedanken die Bilder anschaust.

Es geht um eine kleine Reise, bei der Du jemanden begleitest. Diese Geschichte ist ein Zeitraffer. Sage der Person, die vorliest, dass sie immer eine Pause einlegt, wenn Du es möchtest, aber verweile nicht zu lange an einem Ort. Lass Dir die Geschichte langsam vorlesen, damit Du die Bilder auf Dich wirken lassen kannst.

Du sitzt hier und fühlst dich wohl.

In Gedanken gehst du eine Straße entlang und irgendwann kommst du zu einem Haus, welches du vorher noch nicht gesehen hast und dir sehr gefällt.

Du gehst an die Haustür und klingelst – und jemand, den du nicht kennst, öffnet dir. Diese Person bittet dich herein und gibt dir die Möglichkeit, dass du einen Tag im Leben diese Person begleiten kannst. Du schaust nur zu, wie diese Person den Tag verbringt – wie im Zeitraffer.

Morgens siehst du, wie diese Person aufsteht, sich wäscht, frühstückt und zur Arbeit geht. Lasse dir etwas Zeit und schaue dir alles genau an. (Gib ein Zeichen, wann es weitergehen kann)

Diese Person begibt sich jetzt zur Arbeit (denke an den Zeitraffer) *und du siehst, wie die Menschen diese Person dort begrüßen. Du kannst erkennen, WAS GENAU diese Person beruflich macht. Schaue eine Weile hin und beobachte WIE diese Person ihre Belange regelt. Beobachte, wie sie sich dabei fühlt, was sie sagt, wie sie es sagt und welche Ausstrahlung du an der Person wahrnehmen kannst. Bleibe eine Weile bei ihr und schaue dir alles an.*

(Für den Vorleser: jetzt ca. 1 Min. eine Pause machen.)

Jetzt nutzt du wieder den Zeitraffer und siehst, wie diese Person sich von seiner Tätigkeit und den Menschen dort verabschiedet und wieder zurück in sein Haus kommt.

Du hast jetzt die Möglichkeit dich mit dieser Person in dem Haus zu unterhalten. Frage sie, was sie über das Leben denkt und über die Tätigkeit, die sie ausführt. Frage, was sie für ein Hobby hat und welche Lebenseinstellung sie lebt.

(Für den Vorleser: wieder ca. 1 Minuten eine Pause einlegen.)

Dann verabschiedest du dich von der Person und gehst wieder aus dem Haus. Du gehst die Straße entlang und bist – DANN WIEDER HIER IM RAUM – und öffnest deine Augen.

Schreibe Dir bitte auf:

Wie wirkte die Person auf Dich?

. . ..

. . ..

Wie hast Du Dich gefühlt?

. . ..

. . ..

Was genau hat Dich an dieser Person am meisten beeindruckt?

. . ..

. . ..

Welchen Beruf – oder welche Tätigkeit hat diese Person?

. . ..

. . ..

Wie hat dieser Mensch die Tätigkeit durchgeführt?

(Begeisternd, konzentriert, selbstbewusst, anderes..)

. . ..

. . ..

Welchen Charakter würdest Du dieser Person zuordnen?

. . . .

. . . .

Was genau könnte die Person im Leben antreiben?

. . . .

. . . .

Du hast Dich ja mit der Person später noch unterhalten.
Was hast Du gefragt, welche Antworten hast Du bekommen?

. . . .

. . . .

. . . .

. . . .

Welche Botschaft hat Dir diese Person
bewusst oder unbewusst gegeben?

. . . .

. . . .

Na – wie war Dein Besuch?

Weißt Du – wenn Du besucht hast?

DICH

Dieser Besuch hat Dir gezeigt, was Dein wahres Ich ist. Du hast
Deine Träume, Deine Werte und Deine Persönlichkeit besucht.

Du warst zu Gast bei Deinem „Wahren Ich" Vielleicht hast Du
sogar erfahren, was Deine Lebensaufgabe ist.

Übrigens: Diese Person kannst Du jederzeit wieder besuchen. Ob
einfach nur mal so, oder bei Herausforderungen in Deinem Leben.
Unterhalte Dich mit der Person (mit Dir). Du bekommst ganz
sicher gute Lösungen und sinnvolle Antworten. Ich besuche mich
sehr oft und nutze möglichst viele Hinweise, die ich bekomme. Es
macht einfach immer wieder Freude, den besten Freund
wiederzusehen.

Die Zukunft hat viele Namen:

Für Schwache ist sie das Unerreichbare,

für die Furchtsamen das Unbekannte,

für die Mutigen die Chance.

- Victor Hugo -

Träume Dein Ziel

Jetzt darfst Du träumen – allerdings auf eine zielgerichtete Weise. Wenn Du jetzt einfach nur weiterlesen willst, wird es keine große Wirkung auf Dich haben. Mache diese Übung, wenn Du spürst, wann der richtige Zeitpunkt ist.

Nimm Dir ein Blatt Papier und einen Stift. Suche Dir wieder einen ruhigen Platz, an dem Du Dich richtig wohl fühlst. Nimm Dir jetzt eine Stunde Zeit. Finde heraus, was Du sein willst und erreichen möchtest. Vielleicht ist es die spannendste Stunde Deines Lebens.

Vergiss für die nächste Stunde den Begriff: *...das geht doch nicht.* Träume ohne Grenzen, doch vergiss nicht Deinen gesunden Menschenverstand. Das soll heißen, Wenn jemand einen Meter fünfzig groß ist, hat es keinen Sinn sich als Ziel zu setzen, in einer Basketball - Mannschaft zu spielen. Träume Dein Ziel und bleibe gleichzeitig realistisch.

Alles Klar? Wenn Du überlegt vorgehst, gibt es keine Einschränkung für das, was Du erreichen kannst. Viel Spaß in der vielleicht spannendsten Stunde Deines Lebens:

Für diese Übung gelten diese Regeln:

Formuliere Dein Ziel positiv!

Sage genau was Du erreichen willst nicht, was Du nicht willst.

Drück Dich so genau wie möglich aus! Wie sieht Dein Ziel aus, wie hört es sich an, was fühlst Du, wenn Du dort angelangt bist?

Schließe die Augen und sehe Dich selbst in diesem Ziel. Woran wirst Du merken, dass Du Dein Ziel erreicht hast?

Du sollst Dich nicht ändern, damit andere Leute zufrieden mit Dir sein sollen. Wie verhältst Du Dich, wenn man Dich von Deinem Ziel abbringen will? (Denke an Deine Werte)

Welche Folgen wird es haben, wenn Du Dein Ziel erreicht hast? Was wird Dir dadurch alles möglich?

Mache die folgende Übung und schreibe nach jeder Frage Deine

Entdeckungen auf:

Was genau willst Du, wenn Du Dein Ziel erreicht hast?

Was wirst Du sehen?

. . . .

. . . .

Was wirst Du hören?

. . . .

. . . .

Was wirst Du fühlen?

. . ..

. . ..

Was wirst Du riechen?

. . ..

. . ..

Was wirst Du schmecken?

. . ..

. . ..

Was ist Dein Zielzustand?

. . . .

. . ..

Was ist Dein aktueller Zustand?

. . . .

. . ..

Worin genau besteht der Unterschied?

. . . .

. . ..

Vier Ziele – Vier Wünsche

Falls Du mehrere Ziele hast und nicht weißt, welches das Richtige für Dich ist, hier ein kleiner Tipp:

Schreibe Deine vier Ziele oder Wünsche jeweils auf einen Zettel. Ein Satz genügt. Lege die Zettel für die nächsten vierundzwanzig Stunden an einen ausgesuchten Ort.

Am nächsten Tag schaust Du Dir Deine Zettel an und wirfst einen davon weg. Jetzt wiederholst Du dieses kleine Ritual jede Stunde. Klar – ein Zettel bleibt übrig. Darauf steht Dein wichtigstes Ziel oder Dein oberster Wunsch. Ich habe in Seminare schon viele Teilnehmer erlebt, denen es gar nicht so gut ging, als sie sich von einem Zettel trennen sollten. Aber der letzte Zettel, zeigt Dir, was Dir wirklich am Herzen liegt. Einige Seminarteilnehmer haben sogar ihre Berufung durch diese kleine Methode gefunden.

Mach Diese Übung nicht gleich hintereinander. Der Zeitabstand ist nicht einfach so ausgesucht. Zwischen deinen Entscheidungen, welcher Zettel verabschiedet werden soll, baut sich die Energie immer wieder von neuem auf.

Probiere es einfach mal aus. Viel Spaß!

Wer einmal sich selbst gefunden hat,

der kann nichts auf dieser Welt mehr verlieren.

Wer einmal den Menschen in sich begriffen hat,

der begreift alle Menschen

- Stefan Zweig -

Entscheidungen treffen

Such Dir das Thema, wo eine wichtige Entscheidung für Dich
ansteht. Dann stell Dir dazu diese Fragen:

Was nutzt es mir?

· · ....

· · ....

Was verliere ich dadurch?

· · ....

· · ....

Was ist das positive für mich dabei?

· · ....

· · ....

Worauf kann ich mich freuen und begeistern?

· · ....

· · ....

Was ist das Negative dabei?

. . ..

. . ..

Wie wird mein Umfeld darauf reagieren?

. . ..

. . ..

Bringt es mich meiner Berufung näher?

. . ..

. . ..

Ist es stimmig mit meinem obersten Wert?

. . ..

. . ..

Sonne   Haus   Baum

Mach hier bitte einen kleinen Zeichentest. Nimm Dir ein Blatt Papier, und zeichne auf das Blatt, egal wie und wo Du willst:

eine Axt

ein Haus

einen Sack

eine Sonne

einen Zaun

einen Baum

eine Schlange

ACHTUNG!

Du kannst jetzt gleich weiter lesen und sofort erfahren, um was es geht und was diese Übung bedeutet – oder – Du machst Dir den Spaß und erledigst erst diese Aufgabe und lässt Dich dann überraschen.

Die Symbole stehen für Deine Person und Dein Umfeld. Schaue Dir Deine Zeichnung an, und Du wirst Deine Situation darin wiederfinden.

Die Symbole stehen für:

Axt   Aggressionen

Haus   Du selbst

Sack   Finanzieller Bereich / Geld

Sonne   Deine Energie

Zaun   Abgrenzung nach außen (auch Schutz)

Baum   Deine momentane engste Beziehungsperson

Schlange   Sexualität, Erotik

Wie groß ist Dein Haus? Wie groß ist der Baum? Wie weit oder nahe stehen diese zusammen? Ist der Baum erheblich größer als das Haus? Auf welche Motive scheint die Sonne (Energie) am meisten? Wo befindet sich der Sack (Geld)? An welcher Stelle befindet sich die Schlange? Hast Du den Zaun vor Dein Haus gezeichnet oder weiter weg? Wie hoch ist der Zaun? An welcher Stelle wurde die Axt gezeichnet?

Schauen wir uns einmal Beispiele von Seminarteilnehmern an:

Auffällig ist, dass der Baum (Partner) größer gezeichnet ist als das Haus (Er selbst). Auch die Schlange (Sexualität) ist sehr eng mit dem Partner verbunden. Die Axt (Aggression) wurde groß gemalt, daraus lässt sich schließen, dass momentan die Aggression des Zeichners eine gewichtige Rolle spielt (wurde auch bestätigt). Der Geldsack ist im Verhältnis zum Haus ebenfalls sehr groß gezeichnet. Finanzielle Probleme oder Konzentration auf gut zu verdienendes Geld sind zu erkennen. Die Sonne (Energie des Zeichners) scheint auch auf das Geld. Die Energien konzentrieren sich momentan auf den finanziellen Bereich. Fatal ist der Zaun (Abgrenzung nach außen). Er befindet sich weiter entfernt vom Haus und steht nur für sich. Der Teilnehmer hat keine Möglichkeit, sich abzugrenzen. Das Haus (er selbst) steht völlig frei. Der Zaun grenzt hier überhaupt nichts ab. Das Haus (eigene Person) erscheint allerdings klein gezeichnet im Verhältnis zum Baum (Partner- oder momentane engste Beziehungsperson), Axt (Aggression) und Sack (Geld). Auffällig erscheint auch das gezeichnete Dach: nicht spitz, sondern flach. Auf dem Dach soll ein Garten angelegt sein, erklärte mir der Zeichner dieses Bildes.

Anderen gefallen wollen und Schönes nach außen zeigen, sind bestätigte Hinweise der Person.

Nehmen wir noch ein weiteres Bild:

Hier ist das Haus ebenso groß wie der Baum. Es macht einen gemütlichen Eindruck und sogar ein Schornstein (Dampf ablassen) ist eingebaut. Der Zaun befindet sich hinter dem Haus und dem Baum. Dieser Teilnehmer grenzt (schützt) sich und den Partner gleichermaßen. Die Energie ist oberhalb des Partners (Baum) gezeichnet, einige *Strahlen* der Sonne gehen auch auf das Haus, jedoch nur sehr wenige. Diese Zeichnerin gibt sehr viel eigene Energien an den Partner ab. Die Sexualität (Schlange) ist etwas versteckt (im Gestrüpp) unterhalb des Baumes gemalt. Das Geld (Sack) ist in einem zusätzlich gezeichneten Schuppen untergebracht. Dieser Schuppen steht unmittelbar am Baum. Dies deutet auf Geldsorgen des Partners hin (wurde auch so bestätigt). Aggressionen (Axt) sind klein gezeichnet und ebenso im Schuppen untergebracht. Die Aggression ist auch eher das Thema des Partners. Die Sexualität sollte mehr ausgelebt werden, da die Schlange versteckt und zusammengekrümmt in der Nähe des Partners liegt, als bei sich (Haus) selbst.

Die Axt steht zwar für Aggression. Es handelt sich jedoch um versteckte, meist unausgesprochene Wut oder Abneigung auf jemanden oder etwas. Die Zeichnungen hier sagen noch viel mehr aus, doch möchte ich in Absprache mit den Teilnehmern, die ihr O.K. für ihr Bild in dem Buch gegeben haben, nicht weiter darauf eingehen.

Male Dein Bild und entdecke Deine Zugänge zur eigenen Person, zum Partner, dem Umgang mit Geld, der Sexualität, der Abgrenzung und dem Schutz nach außen, sowie der eigenen Energien und Aggressionen.

Ich erklärte diese Methode in einem Kurzurlaub in Bayern unserer Ferienwohnung-Vermieterin. Sie kannte sich sehr gut aus mit Mustern, Verhaltensweisen und Energien der Menschen. Wir saßen abends zusammen auf ein Glas Wein im Garten und sie hörte sehr interessiert zu. Am Morgen danach kam sie zu uns in den Garten und erzählte, sie hätte noch am selben Abend ihr Bild gemalt und sofort festgestellt, wo ihr Problem lag. Der Baum war viel zu nah am Haus und erdrückte es fast. Sie wollte ihn nun in einer neuen Zeichnung nur etwas weiter weg malen, hatte aber starke Gewissensbisse. Dann zeichnete sie einen Zaun, der jetzt vor ihrem Haus stehen sollte (vorher weit davon entfernt), doch auch hier hatte sie sich überwinden müssen. Sie war eine wahre *Andockstation* für die Menschen, denen es weniger gut ging und die ihre Sorgen bei ihr ablassen konnten. Das wollte sie auch weiterhin, doch sie will sich jetzt mehr schützen. Sie spürte, dass sie in ihrer Zeichnung viele Muster erkennen konnte, die weniger nützlich für sie waren. Beim Zeichnen ihres neuen Bildes, dass jetzt so sein sollte, wie sie es wollte, sind einige tiefe Muster in ihr zum *schwingen* gekommen.

Sehr auffällig ist übrigens, das fast alle Teilnehmer, die keinen Zaun am Haus haben, sogenannte *Tankstellen* für *Energiefresser* sind. Sie sind immer und für jeden erreichbar. Sie haben das absolute Helfersyndrom. Eine Teilnehmerin sagte, sie könne sich überhaupt nicht vorstellen, einen Zaun vor das Haus zu malen, so dass niemand mehr zu ihr kommen kann. Ich gab ihr den Tipp, vielleicht einen sehr schönen Zaun zu malen, nicht sehr hoch, aber auch nicht zu niedrig. Dieser Zaun könnte doch eine sehr schöne Tür haben, geschmückt mit Blumen. Vielleicht noch eine Klingel.... „Alles klar – habe verstanden", und sie zeichnete sofort ein neues Bild – und dann veränderte sich noch so Einiges bei ihr.

Sehr oft bekomme ich auch gesagt, wenn man die Methode einmal ausprobiert hätte, wäre es ja sinnlos, sie zu wiederholen. Doch gerade später, obwohl man die Symbole kennt, wird es hochinteressant. Was hat sich alles verändert, wo stehe ich momentan? Ich nutze die Methode noch sehr oft.

Wenn ich mir mal meine jetzige Lebenssituation ansehen möchte, schließe ich die Augen und schau mir mein Bild mit den Symbolen an. Ich bin immer wieder überrascht, wenn ich es länger ansehe.

Schön-Wetter-Träume

Träume einfach mal ganz groß über deine Visionen, Wünsche und Ziele. Erschaffe Dir Deine vollkommene Zukunft. Stelle fest, was Dein Unterbewusstsein wirklich will, bevor Du in die Gegenwart zurückkehrst und Dich damit beschäftigst, was in Deiner momentanen Lebenssituation machbar ist.

Fange in Deinem beruflichen Bereich an.

Wie sieht Dein idealer Job aus?

. . ..

. . ..

Was tust Du?

. . ..

. . ..

Wo tust Du es?

. . ..

. . ..

Mit wem arbeitest Du zusammen?

. . . .

. . . .

Welche Ziele hast Du?

. . . .

. . . .

Welchen Status hast Du in Deinem Umfeld?

. . . .

. . . .

Stelle Dir ein Familienleben vor,
wie Du es Dir wünschst

Wenn Dein Familienleben perfekt sein sollte, wie müsst es
aussehen?

. . . .

. . . .

Mit wem möchtest Du noch zusammen sein?

. . ..

. . ..

Mit wem nicht mehr?

. . ..

. . ..

Wo und wie würdest Du leben?

. . ..

. . ..

Was für eine Beziehung hättest Du in fünf Jahren zu den wichtigsten Menschen in Deinem Leben?

. . ..

. . ..

Gesundheit und Fitness

Wenn Du in fünf Jahren in physisch guter Form wärest, wie würdest du aussehen und dich fühlen?

....

....

Was wäre Dein Idealgewicht?

....

Wie viel Sport würdest Du in der Woche machen?

....

Wie wäre Dein Gesundheitszustand?

....

....

Umfeld

Wie würde Dein Freundeskreis aussehen?

. . ..

. . ..

Für welches Thema oder Organisation würdest Du Dich
einsetzen?

. . ..

. . ..

Welche Themen entsprechen Deinen Überzeugungen und welche
würdest Du unterstützen?

. . ..

. . ..

Wie viel Freizeit möchtest Du Dir in der Wochen nehmen?

. . ..

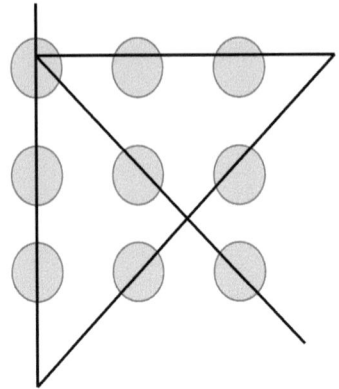

Lösung „Neun Kreise" von Seite 21

Neunzig Prozent meiner Seminarteilnehmer bewegen den Stift innerhalb der neun Kreise. Oft kommt die Antwort, das es gar nicht möglich wäre, diese Aufgabe zu lösen.

Wie Du oben auf der Lösung siehst, ist vieles zu lösen, auch wenn es vorher nicht den Anschein hatte. Einfach mal aus den Grenzen denken.

Die Bilderreise

Beantworte bitte spontan die nachfolgenden Fragen:

Wie siehst Du Deinen beruflichen Weg jetzt und in der Zukunft?

Wie schätzt Du Deine momentane Energie ein?

Wie ist Deine Einstellung zu Deinem Umfeld?

Wie stehst Du zu den Herausforderungen in Deinem Leben?

Deine momentane Sichtweise der Dinge ergeben Deine Antworten. Doch wie sieht es tatsächlich aus? Was empfindest, spürst und denkst Du unbewusst über Dein Leben, Deinen beruflichen Weg, Dein Umfeld sowie Deine Vergangenheit? Wir benutzen meist den Ratio-Zustand, um uns die Antworten zu geben, nach denen wir so oft suchen. Welchen Weg könnten wir nehmen, um einen Zugang zu unserer tatsächlichen inneren Einstellung auf unsere Fragen zu bekommen? Mit der nächsten Übung schalten wir unsere Kanäle, die wir gewöhnlich benutzen einfach aus.

Suche Dir bitte eine Person Deines Vertrauens für diese Übung, welche Dir die folgenden Fragen vorliest und Deine Antworten mitschreibt. Du kannst die Übung natürlich auch allein durchführen, dann lies erst die Frage, schließe die Augen und schaue Dir das zugehörige *innere Bild* genau an. Dann schreibst Du

Deine Antworten auf. So gehst Du Frage für Frage durch. Lasse Dir Zeit beim Betrachten der Bilder und entspanne Dich dabei. Begebe Dich auf eine Reise durch eine schöne Landschaft. Viel Spaß! Dies ist eine kleine Mental-Reise – lasse Dich darauf ein.

Stell dir eine Wiese vor, und lasse diese auf dich wirken. Schau dich etwas um und atme den Duft der Wiese ein. Vielleicht kannst du etwas hören (Vögel,Wind) und etwas riechen (Blumen,Gras,..)

Welche Jahreszeit ist momentan auf der Wiese?

… ....

Auf der Wiese kannst Du bestimmt einen Bachlauf sehen oder hören. Gehe zu diesem Bach hin und beschreibe ihn bitte:

Wie sieht der Bach aus?

Ist er schmal oder breit?

… ....

Ist er schnell oder langsam?

… ....

Wie sieht das Wasser aus?

Ist der Verlauf des Baches eher gerade oder geschwungen?

… ....

Wenn du dich von dem Bachlauf wieder entfernst, kannst du sicher in der Nähe einen Berg sehen. Gehe näher auf den Berg zu, und wenn du ihn deutlich sehen kannst, beschreibe diesen Berg genau:

Wie sieht der Berg aus?

· · ....

Wir wirkt er auf dich?

· · ....

Ist es ein Hochgebirge, Mittelgebirge oder eher ein Sandhaufen?

· · ....

Wie ist die Oberfläche? Glatt, bewaldet, Gletscher, oder anders?

· · ....

Wenn du näher an den Berg herangehst, möchtest du diesen Berg besteigen?

( ) JA   ( ) NEIN

Ist ein Weg vorhanden?

( ) JA   ( ) NEIN

Wenn ja, wie sieht er aus?

. . . .

Gehe den Berg hinauf auf deine Art und Weise. Du kannst dich auch *hochbeamen* oder einen Lift benutzen. Wenn du oben angekommen bist (lasse dir Zeit dafür)

Wie fühlst du dich da oben?

. . . .

Wie sieht es dort aus, was genau kannst du sehen?

. . . .

Du gehst den Berg wieder hinunter, so wie du möchtest, zu Fuß, als Drachenflieger, mit einem Ballon oder einer Sesselbahn, suche dir eine für dich angenehme Möglichkeit heraus.

Du bist wieder auf deiner Wiese angelangt und kannst deren Duft und Geräusche wahrnehmen, vielleicht willst du einmal mit deinen Händen das Gras berühren. Wenn du dich jetzt wieder umschaust, kannst du ein Haus entdecken, welches du vorher noch nie gesehen hast (nicht das eigene oder das Haus von Bekannten). Du gehst auf dieses Haus zu. Wenn du dort bist, bleibe vor dem Haus stehen und sieh es dir genau an.

Wie sieht das Haus aus?

. . ..

Welche Größe hat es?

. . ..

Eher eine kleine Hütte,

Villa, Bauernhaus, Schloss, Wolkenkratzer?

. . ..

Wie sieht die Fassade des Hauses aus?

. . ..

Hat dieses Haus einen Zaun? Wenn ja, wie sieht dieser Zaun aus? (Länge, Höhe)

. . ..

Was genau kannst du alles im Garten sehen?

. . ..

Sind Bäume vorhanden, wenn ja, wo stehen Sie?

. . ..

Wie hoch sind sie, und stehen sie nahe am Haus oder weiter weg?

. . ..

Wenn du möchtest kannst du auch mal hinter das Haus gehen.
Wie sieht es dort aus?

. . ..

Gehe bitte wieder vor das Haus. Wie sieht die Eingangstüre aus?

. . ..

Du kannst jetzt das Haus betreten. Schau es dir von innen an.
Suche die Küche und begib dich dorthin.

Wie sieht die Küche aus, wie ist dein Eindruck?

. . ..

(sauber, aufgeräumt, durcheinander,…)

Beschreibe bitte aus deiner Sicht die Küche.

. . ..

Gehe nun aus der Küche heraus und begib dich in das Wohnzimmer.

Wenn du dort angekommen bist, beschreibe es.

. . ..

Wie groß ist der Raum?

....

Wie wirkt er auf dich?

. . ..

Gibt es irgendwelche Besonderheiten im Wohnzimmer?

. . ..

Jetzt verlasse das Wohnzimmer, und gehe in das Schlafzimmer.

Wie wirkt der Raum auf dich?

. . ..

Wie stehen die Betten dort? (zusammen, auseinander?)

. . ..

Welche Besonderheiten kannst du im Raum erkennen?

. . ..

Jetzt gehe bitte aus dem Schlafzimmer heraus und verlasse das Haus. Gehe in Richtung deiner Wiese. Wenn du dort angekommen bist, atme tief ein, und nimm die positive Energie der Wiese mit in deinen Alltag. Öffne deine Augen, und atme noch einmal tief durch. Mache jetzt ein paar Dehnübungen und strecke dich.

– – – –

Du bist sicher neugierig, was das sollte. Diese Reise machen wir in einem Seminar noch sehr viel ausführlicher. Mithilfe dieser Fragen bist Du über einen Umweg in Dein *Inneres* gelangt, ohne den Verstand auf das zu lenken, was Du aus dem Alltag interpretieren könntest.

Du hast sicher schon einige Übungen hier in dem Buch durchgeführt. Deshalb möchte ich gar nicht viel umschreiben, sondern gleich zum Sinn der Reise kommen.

Beispiel Wiese.

Sie steht für Deine aktuelle Stimmungslage. Es wurde nach der Jahreszeit gefragt. Hast Du den Frühling aufgeschrieben, solltest Du Dich jetzt einfach fragen: Was bewirkt für mich der Frühling? Welche Funktion hat der Frühling für mich? Wie ist Deine Beschreibung zu sehen, in Bezug auf Deinen momentanen Standort (Jahreszeit = Stimmungs- und Gemützzustand)?

Lese Dir die Deutungen der einzelnen Bereiche in Ruhe durch. Verknüpfe diese mit Deiner aktuellen Lebenssituation.

Wiese

Aktuelle Stimmungslage / Gemütslage

Frühling

Neuanfang, Herausforderungen und themen kommen wieder zum Vorschein. Freudige Erwartungen, Offenheit

Sommer

Fülle, Wärme, lebt sein Leben, es ist alles o.k.

Herbst

Reife, Verfall, es hört was auf, es geht was zu Ende, Gedanken erneuern sich, man verabschiedet sich von alten Glaubenssätzen.

Winter

Kälte, Ruhe, Rückzug, Pause

Deute nun die Jahreszeit in Zusammenhang mit Deiner Wiese.
Wie ist Deine momentane Stimmungslage? Was kannst Du alles
erkennen?

Bachlauf

Fluss des Lebens, Vitalität

Kleiner Bachlauf

kaum noch Vitalität

Bachlauf gestaut

Blockaden, Warnzeichen, evtl. Gesundheit betreffend

Tief und dunkel

Misstrauen gegenüber der eigenen Energie

Klares Wasser

alles durchschaubar

Langsamer Bachlauf

träge, wenig Energie

Normale Strömung

Energie in Balance

Schnelle Strömung

zu viel Stress oder Selbstüberschätzung

Gerader Bach

Vitalität und Energie fließen

Bach mit vielen Kurven

Der Weg der Energie ist sehr verwinkelt. Zu viele Dinge hindern Dich dran, ausgeglichener zu leben.

Verbinde Dein Bild mit Deiner momentanen Lebenssituation

Berg

Herausforderungen im Leben / Karriere

Kleiner Berg

(Sandhaufen) stellt wenig Ansprüche an das Leben.

Mittelgebirge

Herausforderungen sind bezwingbar

Hochgebirge

Riesenprobleme (zu hoch)

Gletscherspitze

kaum bezwingbare Themen. (glaubt abzurutschen)

Schotterweg

Weg hinauf. Rutscht oft aus, auf dem Weg nach oben.

Höhe des Berges

Höhe der Ansprüche an mich selbst.

Auf dem Gipfel

Kann ich meinen Erfolg genießen? Macht über das eigene Leben.

Gehe ich den Berg hinauuf?

Nehme ich Herausforderungen im Leben an?

Verbinde Dein Bild mit Deiner momentanen Lebenssituation

Haus:

Persönlichkeit und Persönlichkeitsanteile (ICH)

<u>Kleine Hütte</u>

Kein oder wenig Selbstvertrauen

<u>Riesen-Villa</u>

Evtl. Hang zur Selbstüberschätzung

<u>Wolkenkratzer</u>

Stark narzisstische Veranlagungen

<u>Fassade:</u>

Wie sehe ich mein Äußeres? Pflege, Figur, Ausstrahlung

Zaun

Abgrenzung

Lasse ich Personen an mich heran?

Wie grenze ich mich von meinem Umfeld ab?

Wie hoch ist der Zaun? Aus welchem Material?

Garten

Unmittelbares Umfeld.

Partner, Kinder, Eltern, Freunde

Wie wirkt der Garten auf Dich? (Bezug um Umfeld)

Bäume

Sehr enge Beziehungspersonen

Wie nahe stehen diese am Haus?

Wie hoch sind sie?

Sind sie vielleicht zu nahe und zu hoch – oder zu weit weg?

Küche:

Ernährung, Energiefresser

Wie *sauber* – gesund – ernähre ich mich?

Wie sauber ist die Küche, wie aufgeräumt?

Sind dort mehr salzige Speisen ist das Leben zu Fade.

Auffallend viele süße Speisen bedeuten Liebesmangel.

Schlafzimmer:

Rückzug / Intimität

Größe des Raumes dafür?

Wenig Platz sich zurückziehen zu können?

Betten auseinander oder zusammen: Rückschlüsse auf das Verhältnis zum Partner.

Wohnzimmer:

Entspannung / Ausgleich

Auch hier darauf achten, wie groß ist das Zimmer?

Wie groß ist in Deinem Leben der Raum für Entspannung/Ausgleich?

Verbinde Dein Bild des Hauses innen und außen mit Deiner momentanen Lebenssituation

Solltest Du in den Räumen irgendwelche Besonderheiten gesehen haben, frage Dich, was diese Auffälligkeiten für dich bedeuten könnten. Empfindest Du sie positiv oder eher negativ für Dich?

Wenn einige Dinge in Deiner Bilderreise so sind, dass Du nicht zufrieden bist, oder einen Mangel empfindest, verändere das Ganze einfach. Hast Du vielleicht erkannt, dass Dein Zaun viel zu hoch ist (Abgrenzung nach außen), gehe wieder in Dein Bild hinein, und verkleinere den Zaun, mache ihn schöner, streiche ihn an, gib ihm eine schöne Farbe und eine Eingangstür. Du veränderst dadurch gleichzeitig Dein Charisma nach außen – warte einfach mal ab!

Stehen die Bäume (sehr enge Beziehungspersonen) viel zu nahe und zu hoch an Deinem Haus, dass Du vielleicht das Gefühl hast, Du wirst zu sehr eingeengt, dann säge sie jetzt bloß nicht ab! Stelle die Bäume einfach etwas weiter weg.

Du kannst ALLES verändern,

jedoch immer mit LIEBE.

Du kennst nun Deinen momentanen *inneren* Standort. Vielleicht hast Du ihn so noch nicht gesehen?! Stehst Du vor großen Entscheidungen im Leben, kannst Du Dir das eine oder andere nicht erklären? Schließe Deine Augen, gehe in das passende Bild und Du wirst spüren, wie stimmig einiges dazu ist – oder auch nicht.

Jahreskompass

Was war die letzten Jahre für Dich schlecht?

. . ..

. . ..

Was war die letzten Jahre positiv für Dich?

. . ..

. . ..

Welche Konsequenzen ziehst Du daraus?

. . ..

. . ..

Welche Eigenschaften habe Dir geschadet?

. . ..

. . ..

Welche Eigenschaften waren Positiv für Dich?

. . ..

. . ..

Welche Konsequenzen ziehst Du daraus?

. . ..

. . ..

Welcher Typ bist Du nach außen?

. . ..

. . ..

Welcher Typ möchtest Du sein?

. . ..

. . ..

Welche Konsequenzen ziehst Du daraus?
Welche Ziele hast Du noch für dieses Jahr?
Im spirituellen, gesundheitlichen, sportlichen und
beruflichen Bereich, sowie in der Partnerschaft

. . ..

. . ..

. . ..

. . ..

Welche Ziele hast Du für nächstes Jahr?

. . ..

. . ..

. . ..

. . ..

Finde einen Spruch, der Dich begleitet
Er soll Dich motivieren und aufrecht gehen lassen

. . ..

. . ..

Merk-Würdiges

....

....

....

....

....

....

....

....

....

....

....

....

....

To-Do´s

4 Das werde ich in den nächsten
vier Wochen erledigen:

. . . .

. . ..

. . . .

3 Das werde ich in den nächsten
drei Monaten erledigen:

. . ..

. . ..

. . ..

1 Das werde ich im nächsten Jahr (bis zum...) erledigen

. . ..

. . ..

. . ..

Autor

Jürgen Wolf war viele Jahre als Unternehmensberater in der Freizeitbranche tätig. Seit 1995 widmet er sich den Bereichen Persönlichkeitsentwicklung und Kommunikation zwischen den Zeilen. In seiner Arbeit verbindet er ganz unterschiedliche Wege aus der alternativen Psychotherapie und Spiritualität. Er hat es sich zur Aufgabe gemacht, Menschen zu unterstützen, an ihre verborgenen Fähigkeiten zu gelangen um authentisch ihren Lebensweg gehen zu können.

www.juergen-wolf.org

Jürgen Wolf

WARUM VERSTEHST DU MICH NICHT?

Kommunikation zwischen den Zeilen

Was tun, wenn Gesagtes missverstanden wird, wenn der eigentliche Gedanke vom anderen völlig falsch interpretiert wird? So kann man miteinander kommunizieren, sollte man aber nicht. Kennen Sie Situationen, in denen Sie am liebsten jemand gegen das Schienbein treten würden, weil sie zwar mit jemanden reden, er/sie Ihre Bedürfnisse jedoch nicht versteht und Sie damit zur Weißglut bringt? Wichtig ist die Fähigkeit, die Art der Kommunikation bei anderen zu erkennen und sie bewusst einzusetzen, sowohl im beruflichen, wie auch privaten Bereich

ISBN: 978-390-724-6672

Jürgen Wolf

DIE FRANKLIN-METHODE

So führst Du ein Leben dass zu Dir passt

Benjamin Franklin war ein nordamerikanischer Erfinder, Schriftsteller, und Staatsmann. Um seine persönlichen Schwachstellen umzuwandeln, stellte er dreizehn Lebensregeln auf, die er als wichtig erachtete und Woche für Woche befolgte. So konnte er binnen dreizehn Wochen seine Liste durchgehen und sie viermal im Jahr befolgen. Diese Methode lässt sich besonders gut in die heutige Zeit integrieren. Sie bietet die Möglichkeit sich ständig zu verbessern und sein eigenes Ich zu leben.

ISBN: 978-375-199-4538